목욕당 판결

시아시인선 **029**

목욕당 판결
정명순 시집

인쇄일 | 2022년 11월 25일
발행일 | 2022년 11월 30일

지은이 | 정명순
펴낸이 | 김명수
펴낸곳 | 도서출판 시아북(詩芽Book)

출판등록 | 2018년 3월 30일
주소 | 대전광역시 동구 선화로214번길 21(3F)
전화 | (042) 254-9966, 226-9966
팩스 | (042) 367-2915
E-mail | siabook@daum.net

값 11,000원

ISBN 979-11-91108-55-2(03810)

* 저자와의 협의에 의해 인지를 생략합니다.
* 잘못된 책은 바꿔드립니다.
* 이 책은 충청남도 문화재단의 지원을 받아 발간하였습니다.

목욕당 판결

정명순 시집

시아북

시인의 말

이번 시집은 쉽게
고향 사투리를 조금 섞어
시답지 않은 이야기를
시답지 않게 썼습니다.
다 벗고 던지고 하는 사는 이야기들
파닥거리는 날 것, 그래서 정겨운
'목욕당' 당원으로 그대를 초대합니다.

***

사실은
목욕탕이라고 치다가
목욕당으로 오타가 났습니다.
더 좋다는 생각이 문득 들었습니다.
제목을 『목욕탕 판결』에서
『목욕당 판결』로 바꾸고는
혼자 웃었습니다.

가끔은 오타가 더 매력적입니다.
가끔은 잘못 들어선 길이 더 아름답습니다.

2022년 가을

아주 작은 나의 둥지 초향에서

시인의 말　　005

1부
끼리끼리

끼리끼리 - 목욕당 판결 1　　013
번호계 - 목욕당 판결 2　　014
훔친 수건 - 목욕당 판결 3　　015
돼지 열병 - 목욕당 판결 4　　016
한통속 - 목욕당 판결 5　　018
공을 들이면 운이 따라오나 - 목욕당 판결 6　　019
우리 땐 - 목욕당 판결 7　　020
애들 온댜 - 목욕당 판결 8　　022
잘났어, 증말 - 목욕당 판결 9　　023
한방은 개뿔 - 목욕당 판결 10　　024
삽목 - 목욕당 판결 11　　025
물리치료실 - 목욕당 판결 12　　026
음담패설 - 목욕당 판결 13　　027
시시한 전쟁 - 목욕당 판결 14　　028
여우 꼬리 - 목욕당 판결 15　　029
도둑놈 - 목욕당 판결 16　　030
하루살이 - 목욕당 판결 17　　031
밥이나 먹자 - 목욕당 판결 18　　032
나는 놈 옆에 붙어가는 놈 - 목욕당 판결 19　　033

2부
소주가 달다

소주가 달다 - 목욕당 판결 20 **037**

좋은 꿈 - 목욕당 판결 21 **038**

들고양이도 - 목욕당 판결 22 **039**

죽어도 살자 - 목욕당 판결 23 **040**

10센찌만 더 컸더라면 - 목욕당 판결 24 **041**

B급 인생 - 목욕당 판결 25 **042**

맴이나 지지자 - 목욕당 판결 26 **043**

쥐구멍 - 목욕당 판결 27 **044**

물로 보지 마 - 목욕당 판결 28 **045**

돼지 껍데기 - 목욕당 판결 29 **046**

노포 - 목욕당 판결 30 **047**

물갈이 - 목욕당 판결 31 **048**

여장군 - 목욕당 판결 32 **049**

혼잣말 - 목욕당 판결 33 **050**

죽을 쑤다 - 목욕당 판결 34 **051**

검버섯 - 목욕당 판결 35 **052**

빨래하는 날 - 목욕당 판결 36 **053**

수행자 - 목욕당 판결 37 **054**

예쁜 쓰레기 - 목욕당 판결 38 **055**

3부
착한 등신

땔감 - 목욕당 판결 39　　**059**
지문이 없다 - 목욕당 판결 40　　**060**
죽순 - 목욕당 판결 41　　**061**
첩첩산중 - 목욕당 판결 42　　**062**
수국 - 목욕당 판결 43　　**063**
맹신 - 목욕당 판결 44　　**064**
말도 나누야지 - 목욕당 판결 45　　**065**
착한 등신 - 목욕당 판결 46　　**066**
넘이 돈 - 목욕당 판결 47　　**067**
선거 바람 - 목욕당 판결 48　　**068**
사람이 젤 무서워 - 목욕당 판결 49　　**070**
하지에서 동지까지 - 목욕당 판결 50　　**071**
봄볕 - 목욕당 판결 51　　**072**
또 발목을 잡네 - 목욕당 판결 52　　**073**
월요일에 브런치 - 목욕당 판결 53　　**074**
내 멋대로 - 목욕당 판결 54　　**075**
임종의 단계 - 목욕당 판결 55　　**076**
방생 - 목욕당 판결 56　　**078**

4부
배가 하나두 안 불러

꽃병 - 목욕탕 판결 57   **081**
하얀 나비 - 목욕탕 판결 58   **082**
퇴직 - 목욕탕 판결 59   **083**
말의 힘 - 목욕탕 판결 60   **084**
진화 중 - 목욕탕 판결 61   **086**
배가 하나두 안 불러 - 목욕탕 판결 62   **087**
어버이날인데 - 목욕탕 판결 63   **088**
약을 많이 먹어 - 목욕탕 판결 64   **089**
빈둥지 증후군 - 목욕탕 판결 65   **090**
꼬투리 - 목욕탕 판결 66   **091**
환장혀 - 목욕탕 판결 67   **092**
공주와 무수리 - 목욕탕 판결 68   **093**
구두 굽이 낮아지면 - 목욕탕 판결 69   **094**
코로나19 - 목욕탕 판결 70   **095**
다음은 내 차례 - 목욕탕 판결 71   **096**
내 사람이 누군지 - 목욕탕 판결 72   **098**
코로나의 꼬리 - 목욕탕 판결 73   **100**
같이 가유 - 목욕탕 판결 74   **101**

<시집 해설>   **105**
방언과 풍자의 시학 공광규(시인)

1부 / 끼리끼리

끼리끼리
- 목욕당 판결 1

정치인도
종교인도
검사도
시인도

지들끼리
끼리끼리

보여줄 것도 없는 속을
훤히 내보이며

지들끼리
끼리끼리

번호계
- 목욕당 판결 2

이백만 원짜리 번호계에도 원칙은 있다

- 지난달에 니가 뽑었지
 근디 니가 다른 사람을 줬자녀
 그건 니덜 두리 거래지
 뽑은 건 뽑은 거잖어
 그러니께 이달에 너는
 뽑을 자격이 읎는겨. 탕탕탕

이번에 그 사람이 또
덜컥 뽑힌 것이 문제다
아니 뽑은 것이 문제다
심심풀이 재미로 하는 친목일수록
원칙이 중요하다
인간관계가 깨지므로

하물며, 나랏일이야
헌법 위에 떼법이 있어서야

훔친 수건
- 목욕당 판결 3

목욕탕 주황색 수건에
'훔친 수건'이라고 크게 인쇄되어 있다
훔쳐 갈 수 없게
모두 훔친 수건을 머리에 두르고
도둑을 지키고 있다
치약은 뚜껑 없이 줄에 매달려있고
퉁퉁 불어 터진 비누는 엄두도 못 내고
드라이기는 벽에 박혀있다
쇠붙이만 보면 삑삑거리니
열쇠를 가져갈 수도 없다

훔친 돈, 훔친 오토바이
훔친 사람이라 새겨야 하나
그럼 도둑 없는 세상이 되려나
온통 도둑뿐인 세상이 되려나

돼지 열병
- 목욕당 판결 4

- 홍성이 돼지를 젤 많이 키우잖유

강화도에서 돼지 열병이 발견되고 살처분이 확산되자 초비상이 걸렸다 마을로 들어가는 골목골목을 막고 축제도 동문체육대회도 취소되었다

- 징그러, 왜 이렇게 비는 또 온댜

소독하면 비가 오고 다시 소독하면 비가왔다 어느 날 홍성이 발칵 뒤집혔다 돼지 두 마리가 죽어 의심 신고가 됐는데 조마조마한 시간이 지나고 검사 결과는 압사로 나왔다

- 말두 마유. 간 떨어지는 줄 알았슈

제때 출하하지 못해 빼곡하게 갇혀있던 돼지 두 마리가 깔려 죽은 것이다 돼지고기 값은 떨어지고 삼겹살집도 손님이 뜸하고 이래저래 힘든 계절, 열대야까지 덮치는데

>
- 작년이 수국 하나 얻어다 마당에 심었는디 올해 꽃이 폈거든
  글쎄 을매나 큰지 새끼 돼지 만혀

웃을 수도 울 수도 없는 희망이 물거품처럼 부풀어 오른다

한통속
- 목욕탕 판결 5

뺀 만큼 채워야지
보온병이나 물병은 필수
물을 담아오는 사람은 거의 없다
커피도 손가락 안에 들지 못한다
홍삼 정도는 되어야 삼 순위에 들라나
몸에 좋다는 약과 차들이 동원된다
사우나실에 앉아있으면
가끔 한 잔 얻어걸린다
빨가벗고 마주 앉았으니 보통 인연인가
밀어주고 두드려주고 나눠 먹고
돌아다니지 않아도 동네방네 소식통
한 통 속에 들어가 시시덕시시덕
한통속이 된다

공을 들이면 운이 따라오나
- 목욕당 판결 6

- 그 가게 있자뉴 또 문 닫었댜 터가 안 좋은개벼 개업빨로 및 달은 가더니

- 거기는 맨날 개업이여 중국집 허다가 백반집 허다가 지난 번이는 싹 다 뜯어 고치구 일식집을 열었자녀 근디 아벤지 어멘지 땜에 일본 음식두 안 팔린댜 또 문 닫게 생겼어 되는 년은 가만히 있어도 달라 붙구 안 되는 년은 뒤로 자빠져 두 코가 깨진다더니

- 인이 박히게 일만 해서 쉬면 몸땡이가 더 아픈디

공을 들이면 운이 따라오려나 파닭치킨을 개업한 아줌마가 요구르트를 돌린다

우리 땐
- 목욕당 판결 7

알어? 경숙이 할머니 됐댜

사고 쳤댜?

내년이 결혼식 올려준댜

몇인디

다섯

애가 애를 키우 것네
환장허네 오치겨

경숙이가 둘 다 키우야지 뭐
오랜만에 간난쟁이 안아보니께 신기허다
마흔 다섯인디 벌써 할머니여
우리두 다 할머니 된 겨

\>
야, 그럼 경숙이는 스물에 애를 낳구먼
넘 말할 것두 읍네

우리 땐 스물두 어른이었어

애들 온댜
- 목욕당 판결 8

왜 그냥 으등거리고 있다
얼굴두 부숙부숙헌게

뒤지게 일만 허구 왔더니 삭신이 다 쑤시네
고양이를 밭에다 안쳐 놀 참이여
일할 사람이 이쓰야지

작작 좀 혀
쬐금만 져서 두 식구 먹으믄 되지
쒸빠지게 일해서 누구 존 일 시킬라구
아프면 나만 서러운 겨

땅 노는 꼴을 못 봐서 그려
힘들어두 뭐래두 심으야지
해치워서 한가찌다야
먼저 가께 밥해야뎌
애들 온댜

잘났어, 증말
- 목욕당 판결 9

명절 그게 뭐가 어려워
난 내가 다 준비혀
간딴이 먹을 것만 허믄 되지 뭐
하루는 장 보구
하루는 김치 몇 가지 담그구
하루는 불고기 재구
하루는 부침개 좀 부치구
교회 다니니께 제사상은 안 차려
그까짓 게 뭘 어렵다구 죽는 소리여
애들 오기 전에
오면 걸리적거리만 허지
며느리 일 시킬 꺼 뭐 있어?
딸 같은 애
일두 아닌 걸
뭘 어렵다구랴

한방은 개뿔
- 목욕당 판결 10

안 되는 거 끼구
왜 그냥 힘을 들이냐
안 되는 건 안 되는 거여
살아보니께 알 것드라
한방은 개뿔

열심히 한다구 잘되는 것도 아니구
착하게 산다구 복 받는 것도 아니드라구
탱자탱자 하던 놈이 복권 당첨도 되구
나쁜 놈이 잘 살기도 허구

깜냥껏 살다 가는 거지
어쩔 수 없는 거면 몰라두
이젠 싫으면 안 하고 살라구
누가 그러더라
손을 놓는 것두 용기랴

삽목
- 목욕당 판결 11

어둡게 해줘야
이제 죽는구나 허구
뿌리를 내린댜
살려구 죽기 살기루
뿌리를 뻗는다는 겨

난 키워봤냐?
걔두 환경이 안 좋아야 꽃이 핀댜
빨리 꽃을 피워서 대를 잇는다나

가난이 억척을 맹글자너
첨부터 억척스런 사람이 있것냐
살다 보니께 살아야 하니께
말두 행동두 굳은살이 박히매
강해지는 겨, 사실
강한 것처럼 보이는 거지만

가난한 집에 시집와서
뿌리 내리구 꽃도 피우구
아마 난 인생 9단은 될 겨

물리치료실
- 목욕탕 판결 12

사기 접시 하나씩 들고
배, 허벅지, 뺨, 어깨를
사정없이 북북 문질러 댄다
뭉친 곳을 풀고 살도 뺀다나
살갗이 벌게진다

플라스틱 부황기를 등에 붙이니
붙인 자리마다 꽃이 핀다
아픈 곳은 더 붉게 핀다

플라스틱에서 진화한 은 맛사지기는
생긴 게 꼭 문어를 닮았다
십만 원이 훌쩍 넘는다는데
은으로 문질러서 그런지 빛이 나는 것도 같고

전기 통하는 것 빼고 웬만한 건 다 있다
따뜻하게 지지며 아이고 아이고 아이고
세상 부러울 게 없단다
시원해서 죽겠단다

음담패설
- 목욕탕 판결 13

집 앞에 작은 텃밭을 둔 아줌마가
자잘한 감자를 쪄왔다 아직은 때가 아닌데

- 감자 불알 땄슈. 금방 쪄서 맛있을 겨

반을 알아먹고 깔깔거리고
반은 못 알아먹고 깔깔거린다

- 뿌리 상하지 않게 가생이를 뒤적거리면 잡히는 게 있슈.
  쩨끄만 건 놔두구 살이 오른 걸루 슬쩍 따구 다시 흙으루
  꾹꾹 눌러야뎌. 감쪽같이,

- 풋고추만 따 먹는 게 아니라
  감자 불알두 따먹는구먼

배꼽이 빠져 뒹굴고 눈물이 쏙쏙 빠진다

시시한 전쟁
- 목욕당 판결 14

아들이 장가를 간 게 아니라 시집을 갔슈
아들 못나 쫓겨났다는 건 다 옛말이여
나는 넷째 딸 낳고 죄인이라 몸조리두 못했는디
세상이 꺼꾸로 가는 건지 좋아지는 건지
요새는 딸 나면 잔치랴

세상 변해두 시자 붙은 건 다 어려운 겨
우리 애는 시집두 안 가구 혼자 산댜
시집 가두 애는 절대 안 난다구 지랄혀

지 애비가 남자구 지 아들이 남잔디
지 애미가 여자구 지 딸두 여잔디
여성 상위 남성 상위가 어딨냐
그건 잠자리에서나 쓰는 얘기여

여우 꼬리
- 목욕탕 판결 15

여우는 두껍고 우아한 꼬리를 가졌다
꼬리가 균형을 잡아준다는데, 그게 어때서

- 꼬리 달린 여시여
 남사스러워 도저히 흉내두 못내 것네
 얼굴 좀 봐, 손을 안 댄 데가 없다니께
 쌍까풀두 허구 눈 밑에두 했댜
 주름두 싹 펴서 지 얼굴이 아녀
 살살거리며 웃는 것 좀 봐라
 아무 데나 착착 달라붙는 게 불여시여

- 그런디…… 그거 어디서 했댜?

여우는 꼬리를 살짝 흔들었을 뿐
환장한 것은 그대들, 여우가 무슨 잘못을 했는데

도둑놈
- 목욕당 판결 16

출출하길래 게장 하나 따서 뚝딱했더니
배불러 죽것네 참 간사스럽지
배고파 죽것더니 이젠 배불러 죽어

한 그릇 가꾸 되냐
어젠 밴댕이찌개랑 밥을 먹는디
밥상에 온통 도둑놈 천지여
그러니 이놈의 살이 빠지냐구
도둑놈들 땜에 다이어트도 못혀

지가 다 먹어 치워 놓구
누굴 보구 도둑놈이랴
지가 도둑이구먼

하루살이
- 목욕당 판결 17

날은 지랄맞게 궂구
몸은 찌뿌드하지
삭신은 쑤셔대지
견딜 수가 이쓰야지
목욕탕이 천국이여
뜨끈한 물속에 들어가 이쓰면
세상 부러울 거 읍써

하루살이처럼 살아서 그런지
하루가 평생 같더니
지나고나니께 후딱이여
하루가 일 년 같구
일 년이 십 년 같더니
애들 키우구 부모님 돌아가시구 나니께
일 년이 하루 같구 십 년이 일 년 같어
껑충껑충 오십 년이여
남은 세월은 또 올매나 쏜살일라나

밥이나 먹자
- 목욕당 판결 18

남편이구 자식이구
인생이구 나발이구
사는 게 어쩌구 저쩌구
그런 쓸데없는 얘기 허지 말구
오늘 점심 뭐 먹을 겨?

답 없는 얘기 빙빙 돌다 지자린디
허기진다야 밥이나 먹으러 가자
요새 그 드라마 재밌다매
막장 끝판왕
욕하며 눈물 나게 웃어보자
너나 나나 별 거 있냐
먹는 게 남는 거지
같이 밥 먹을 사람 있으니 된 겨

나는 놈 옆에 붙어가는 놈
- 목욕탕 판결 19

질 막혀 죽는 줄 알았슈
십 분이면 빠질 띠를 한 시간두 더 걸렸다니께
공사한다구 한쪽을 막어 놨는디
차례차례 순서대로 가야 할 꺼 아녀
양심 없는 것들이 계속 꼬리를 무는 겨
병 모가진지 닭 모가진지
확 비틀어버리고 싶더라니께
조금 기다리면 되자녀
사정은 똑같지 지들만 바쁜가
거기만 지나면 뻥 뚫릴텐디
샛길도 없구 돌릴 수도 없구 환장할 뻔했네
질 막힌 것 보다
그놈의 얌체들 땜에 더 열 받어
그렇게 급하든 어제 오지
뛰는 놈 위에 나는 놈 있다더니
나는 놈 옆에 붙어가는 놈이 있더라니께

2부 / 소주가 달다

소주가 달다
- 목욕당 판결 20

가는 길에 쌈 좀 뜯어 가꾸 가
요새 한참 먹을 때여
이것저것 쬐금씩 심었더니
겁나게 번졌더라
당귀도 있구 머위도 있구
명이는 마늘 맛이 난다니께?
부루쌈도 배추만 혀
된장 하나면 한 끼 해결이자너
쌉쌀하니 입맛이 돈다니께
먹다 보면 쌉쌀한 것도 중독되나 벼
글쎄 어제는 오가피를 먹었는디
을매나 쓴지 머위가 달더라니께
세상 쓴맛을 보고 나면
소주가 달다더니

좋은 꿈
- 목욕당 판결 21

어젠 돌아가신 엄마를 봤네
내 나이쯤 돼 보이더라
병을 달구 살다 돌아가시더니
젊구 멀쩡한 몸으로
아픈 나를 안아주는 겨
나는 엉엉 울구
엄마는 뚝! 뚝!
토닥여 주시구 가시더라
돌아가신 엄마가 꿈에 오면
좋은 일이 생긴다는디
왜 왼종일 눈물이 나는 지 물러
울컥, 울컥,
아 또 울컥거리네
산소에 백일홍은 피었나

들고양이도
- 목욕당 판결 22

요새 사방이 들고양이유
우리 동네두 몇 마리 다니길래
기웃거리는 게 딱해서
비린 것 좀 던져줬는디
야, 고거 참 영물이대
발라먹구 남은 꽁치를 던져놨는디
오늘 가보니께 글쎄 고 자리에
쥐를 두 마리 잡아다 놓은 겨
깜짝 놀래 소리 질렀는디
생각할수록 기가 막히더라
지 딴에는 은혜를 갚은 거 아녀
먹다 남은 거 준 거 밖에 없는디
소름이 좌악 끼치더라
세상 함부로 살면 안 되것어

죽어도 살자
- 목욕당 판결 23

어떤 노인이 고독사를 했는디
집주인이 발견했댜
며칠 안 보이니께 궁금해서 열어봤는디
혼자 힘들었는지
소주병이 여기저기 굴러다니더랴
근디 기맥힌 건
생전 오지두 않던 것들이 와서
여기저기 뒤적거리는디
돈 될 만한 것만 챙기구
사진두 버리고 가더랴
사진이라두 빼가라고 하니께
마지못해 받아 빼는디
글쎄,
액자 속에서 통장이…

10센찌만 더 컸더라면
- 목욕당 판결 24

10센찌만 더 컸더라면
세상이 다르게 보였을라나
조금만 이뿌게 태어났으면
인생이 바꼈을라나

키가 크면 더 멀리 보이긴 허나 벼
눈이 크면 더 넓게 보이자너
나는 눈도 작구 키도 작구
맨날 고만고만하게 보여
좋은 건 언니한테만 주구
나는 왜 이 모양인지 물러

생긴 게 밥 먹여 주냐구 허지만
밥 먹여 주기두 하더라
타고나는 것두 복이여

B급 인생
- 목욕당 판결 25

그거 아남?
국보루 남아있는
옛날 도자기 있자녀
그건 다 B급이랴
A급은 다 깨쳐 버렸댜
너무 잘 만들믄 계속 괴롭히니께
이렇게 만들어라 저렇게 만들어라
그것보다 못하믄 죽어나니께
완벽하면 얼른 깨쳐버렸다는구먼

사람이나 물건이나
평범한 게 좋은 겨
꽃두 예쁘면 야리야리하자녀
손두 많이 타구

그래서 내가 맨날 아픈가?

야, 쟤 좀 어떻게 해봐라
아주 매를 벌어유

맴이나 지지자
- 목욕탕 판결 26

명절 잘 지냈남?
세상이 아무리 바꼈다 해두
며느리는 며느리구 시댁은 시댁이여
그럭저럭 이번 추석두 넘겼네
오는 길에 엄마 아버지 산소에 들렸는디
가을장마라 얼마나 눅눅헌지
맴이 짠하더라
착하게 살라던 말씀대로
바보처럼 살구 있는디
경우 빠지게 안 살라구
도리는 헌다구 허는디
맴이 시리고 허탈한지 물러
잘살구 있는 건가 싶더라

얼마나 더 잘 사냐?
오치기 다 잘허구 사냐?
헐 만큼만 허면 되는 겨
사우나나 들어가 뜨뜻하게 지지자

쥐구멍
- 목욕탕 판결 27

집구석에만 틀어박혀 있으면 병 생겨
나가서 차도 마시구 콧바람도 쐬구
실없는 수다도 떨구 그려
남편 자식만 기다리지 말구
답답하다구 하면서
니 스스로 갇혀있는 거잖어
집이 젤 편하구 숨기두 좋지만
갇히기두 좋은 곳이여
니 몸 병나지 않게
쥐구멍 하나 만들어야
가끔 볕도 들구 바람도 들구
숨기도 허구 도망치기두 허잖어
맨날 쓸구 닦구 쓸구 닦구
복 나가 것다 니 몸이
닳아빠지것다

물로 보지 마
- 목욕탕 판결 28

개는 딱 그 만큼이여
가깝지도 않구 멀지도 않구
따뜻하지도 않구 차갑지도 않구
딱 36.5도
나만 부글부글 미친년 널뛰듯
오르락내리락허는 거지
어쩜 지가 상처를 주고두
아무 일 없는 것처럼 멀쩡하다냐
얄미워 죽것어
그렇다고 이십 년 지기
끊어버리긴 아깝구

칼루 찌르면 칼이 상처 나는 거 봤냐
찔린 사람만 아프구 피나는 겨
그런디 더 웃긴 건
가끔 맘먹구 찔러 보자너?
젠장, 찌른 내가 더 맴이 불편하더라니께
그래서 그냥 찔리며 살라구
대신 내가 물이 되려구
나를 물로 보구 찔러대는 것들
찔러봤자여

돼지 껍데기
- 목욕당 판결 29

콜라겐을 먹어야 허나
요새는 마시는 것두 있더라
피부가 처져서 꼴사나워 죽겄다
축 처진 팔뚝살을 흔들어대며
애들이 장난을 친다니께
소매 짧은 건 아예 못 입어
처지구 얇어지구 거뭇거뭇해지구
힘아리두 하나 없구
돼지 껍데기는 을매나 찰진지
주름 하나 읍자너
쫀득쫀득한 게
알맹이가 다 빠져나갔으면
껍데기라두 단단해야 살지

모르는 소리 말어
젊은 돼지나 그런 거여

노포
- 목욕탕 판결 30

큰 시장 국밥집 이모
인제 그만둔댜
몇 대 째 세월두 문을 닫지 못했는디

멀국 맛이 기맥혔자너
별로 넣은 것두 없는디 감칠맛 나구
친정집 같았는디

애들두 알라나
그 쿰쿰한 맛

주인도 늙구 가게도 늙구
어찌 견디냐
시골에 노인만 남뜨시
노포두 점점 사라진다야

물갈이
- 목욕당 판결 31

- 물 좀 틀어봐
 때가 둥둥 떠다닌다야 물도 다 식구
 대충이라도 씻구 들어와야지
 여럿이 쓰는디 이게 뭐냐

뜨거운 물을 틀으니 아래로부터 물이 차오르며 점점 따뜻해지더니 넘쳐흐른다 둥둥 떠다니던 때도 함께 탕 밖으로 쓸려나간다 깨끗해진다 적당히 따뜻한 물이 넘실거린다

- 드럽구 식을만허믄
 물이구 세상이구
 한 번씩 뒤집어줘야혀

여장군
- 목욕당 판결 32

태풍이 무섭더니
수암대장군이 쓰러졌지 뭐냐
나두 여자지만
확실히 여자가 독한개 벼
여장군은 꼿꼿하게 서 있더라
여자가 남자보다 오래 산다구 뉴스에 나오더만
왜 오래 사는지 모르것어
이젠 남 일이 아녀

에구, 남자가 먼저 가야 혀
남자 혼자 얼마나 추레허냐

그런 소리 말어
여자 남자 할 꺼 읍써
혼자는 누구나 그런 겨
센척허는 거지
외로운 건 다 똑같을 겨

혼잣말
- 목욕당 판결 33

이상한 버릇이 생겼어야
내가 나헌티 혼잣말을 허는 거

- 그래, 그만허자
- 사는 거 다 그렇지
- 생각허지 말자
- 얼른 밥이나 먹자

혼자 중얼거리다가 미친년처럼
머리를 흔든다니께

생각이 가슴에 쌓일깨비
쌓인 생각에 내가 무너질깨비
나헌티 자꾸 말을 거내 벼

죽을 쑤다
- 목욕탕 판결 34

죽 좀 먹어봐
잠깐 새에 홀딱 넘쳐
반으로 줄어버렸지 뭐여
뚜껑을 열어놨어야 허는디
부글부글 끓어오르다
뚜껑이 열린 겨

넌 죽이나 쒔지
이놈의 승질 빼기
아무짝에도 쓸모 읍써
부글부글 게거품 물다가
오늘 또 곤죽이 되어버렸다
본전도 못 건지구

검버섯
- 목욕당 판결 35

검버섯이 왜 얼굴에 핀다냐
죽음의 꽃이라는디

넌 얼굴만 그렇지
난 온몸으로 번져 신경 쓰인다야

멀지 않았다는 거지 뭐
초장에 잡아야 했는디
뿌리가 너무 번졌어

거울을 볼 때마다 검버섯이
생각하기두 싫은 옛일을
자꾸 끌구 나온다니께

내일은 병원 가서 싹 다 빼버릴 겨
살아온 얼룩두 좀 지우구
나두 뽀얗게 좀 살아보게

빨래하는 날
- 목욕탕 판결 36

팔목이 왜 그려
십팔 대 일루 싸웠남?

승질 나서 가라안치느라구
이불도 빨구 쓸구 딱구 했더니
팔목이 시려서 파스 붙였다

엠병, 그래 속이 션하냐
니 몸이 무슨 죄냐
미쳐 날뛰는 맴이 문제지

사랑받아본 적도 읍구
때를 써본 적도 읍쓰니
어따 화풀이 허것냐

내 인생엔 내가 읍써
그 인간 인생엔 그 인간만 있는디

수행자
- 목욕당 판결 37

고통에 익숙해지는 게 수행이랴

누가 그러더라
넘어지는 건
일어나는 걸 배우기 위해서라구

수도 없이 일어나는 걸 배웠는디
자꾸 넘어지는 건 뭐냐

말이 좋아 수행이지
수행이 뭐 말라비틀어진 거냐
이젠 일어나기두 싫다
넘어진 김에 주저앉어 쉬구 싶다

왜 평생 고통에 익숙해져야 하는 겨
고통에 익숙해지면 행복해지나

수행의 끝이 도대체 뭐다냐

예쁜 쓰레기
- 목욕당 판결 38

실한 것들 골라 배춧속 넣구
찌끄래기 긁어모아 남은 양념에
넌출넌출 호박지 한 통 담았다
못난이들루 뚝딱 담은 겨
맛 읍쓰면 버려

아까워서 오치기 버리냐
들지름 치고 부글부글 지지면
서리서리 동지맛이 나는디
눈물 나서, 오치기 먹냐

3부 / 착한 등신

땔감
- 목욕당 판결 39

내 딸은 왱겨가 뭔지 모르더라
방앗간에서 왱겨 퍼다가
풀무 돌려 불 땠다구 허면
완전 전설의 고향인 줄 안다니께
땔감이 을매나 귀했냐
소나무 장작은 언감생심
솔잎이나 부러진 잔가지도
젠장, 우리 땅이 이쓰야 훑어오지
장작보다 아슬아슬하긴 했지만
아, 그 불빛 을매나 화끈했냐

노력은 운에 밀리구
빽이 실력을 앞지르는 세상
살아내려면 '오기'가 땔감이여
꿈은 꿔볼 만 허잖어
꾸다 깨는 게 꿈이지만
지 몸 불쏘시개로 쓰는 사람을
누가 당해내것냐
온몸이 불덩어린디

지문이 없다
- 목욕당 판결 40

밤늦도록 초과 근무를 허구 나오는디
글쎄 지문이 안 찍히는 겨
열 손가락 다 찍어봤는디
일만 허구 초과 수당도 못 받구

지가 무슨 험한 일을 했다구
지문이 다 닳았다냐
나랑 도둑질이나 허자
지문이 없으니께 감쪽같을 거 아녀

크게 한탕 해볼까나
이왕이면 세월이란 놈으루다가
내 몸으로 나를 증명할 길이 없으니
이 세상 다녀간 흔적두 읎것다

죽순
- 목욕당 판결 41

누가 죽순을 좀 줬는디
껍질을 벗겨보니께 기가 맥히더라
작은 마디가 열두 개는 되더라구
그 여린 마디가 조금씩 조금씩
그렇게 크게 자라는 겨?

굵은 소금 한 주먹 넣구
펄펄 끓는 물에 삼십 분쯤 쌂아서
쌀뜨물에 하루를 푸욱 우려내라더라구
그래야 독기가 다 빠지구 아삭하댜

고 작은 순이 을매나 독한지
고 독한 순이 을매나 여린지
고 여린 순이 을매나 깊은지

첩첩산중
- 목욕당 판결 42

애동지는 죽이 아니라 팥떡을 해먹어야 헌다매?
옆집에 혼자 사는 여편네가 이사를 왔길래
안쓰러워서 한 덩어리 주러 갔는디 주저리주저리
글쎄, 그 여편네 첩이랴

(그런 말 허지 말어, 누가 들을라)

내가 그랬간? 암시렁토 않게 지가 첩이라구
본처가 있어서 호적에도 못 올리구
아들 하나 딸 하나 둘을 뒀다구
첩이라구 손가락질당하며 살다 보니께 인이 박혀
첩이구 뭐구 그러거나 말거나
첩첩산중에 들어와 겁 없이
혼자 살 정도루 내공이 생겼다구

(허긴, 인생이 다 첩첩산중이여)

수국
- 목욕당 판결 43

머리 이상허지?
나이 드니 별수 읍다
머리숱이 점점 줄어서
질러도 숭허구 잘라도 숭허구
빠글빠글 볶았는디 별루다야

괜찮어, 풍성허니 이뿌다야
수국 핀 거 봤냐?
가녀린 줄기에 어쩜 그렇게
탐스런 꽃이 피는지
어쩜 그렇게 환하게 웃는지

수국 닮았네
참 이뿌다

맹신
- 목욕당 판결 44

미쳤어 미쳤어
오치기 그렇게 푸욱 빠지냐
옆에서 해주는 얘기는
귓등으로두 안 들어 쳐먹어

몸에 좋다믄 푹 빠지구
피부에 좋다믄 푹 빠지구
절에두 갔다 교회두 갔다
팔랑귀여 팔랑귀

그렇지 않아두
다단곈지 뭔지 허구 댕기더니
요샌 선거운동허구 댕기더라
이번엔 또 얼마나 갈라나

그래두 댕이여
포기는 빠르니께

말도 나누야지
- 목욕당 판결 45

아휴 머리야
을매나 말이 많은지
커피가 코루 들어가는지 귀루 들어가는지
지루해서 죽을 뻔했다야

잔칫상에 먹을 거 없다구
실속 하나두 읍써

지 아들 딸 남편 손주 옆집 아줌마 아저씨,
아파트 평수 평당 가격 신상…, 누가 궁금허야?

알맹이가 읍써
우리 얘기,

말두 나누야지
그래야 맴두 나눠지는 거 아녀?

착한 등신
- 목욕당 판결 46

입만 열면 그짓말
도대체 뭐가 진짠지

불쌍허다고 생각혀
속을 숨길라구 포장 하는 겨
그짓말허는 속은
을매나 뜨끔허것냐

아녀 그짓말두 버릇이여
나만 불불거리지
걔는 암시렁토 않어
한두 번 속냐

걔는 암시렁토 않은 걸 알면서
왜 맨날 당허고 불불거리냐
니 속만 쓰리지

모두헌티 착할 필요 있냐?
너무 착허게 살믄 등신 소리 들어

넘이 돈
- 목욕당 판결 47

돈을 꿨으면 갚아야 할 거 아녀
진짜 째서 못 갚는 거면 말을 안혀
지 사고 싶은 건 척척 사면서
맨날 돈이 읍댜

생기면 쓰구, 보면 사는디
남는 돈이 있냐구
빚부터 갚구 쓰야지
쓸 거 다 쓰구 갚어지냐
빚지고는 다리 뻗고 못 자겠더구먼

나는 사구 싶은 거 읍냐?
죽어라 저금한 돈 꿔줬는디
병신같이 달라고 말두 못혀
넘이 돈은 맨 나중인개 벼

넘이 돈이자너

선거 바람
- 목욕탕 판결 48

이 짝을 찍으야나
저 짝을 찍으야나
봄바람마냥 왔다 갔다혀

재혼한 친구가 그러는디
그놈의 단점이 이놈의 장점이구
이놈의 단점이 그놈의 장점이더랴

이놈 저놈 살아봐서 좋것구먼
그래도 더 살구 싶은 놈은 있것지

서울 사는 아들은 집값이 어쩌구
이 짝을 찍으라고 허구
나라 물 말아 먹는다구 남편은
저 짝을 찍으라고 허구
집이 선거판이여
밥 먹다 싸울 일 있냐
알았다구 허구 내 맘대루 찍을 겨

\>
내 뜻대루 세상이 굴러가지 않아두
내일은 살만한 세상이믄 좋겟다
봄바람이 오락가락 사나운 게
다 꽃을 피우려구 그러는 거잖어

사람이 젤 무서워
- 목욕당 판결 49

산밑이 집 짓구 사철나무 울타리를 쳤는디
글쎄 고라니가 입 닿는 디까지
잎을 죄다 따먹어서 위만 동그랗게 남았더라
한겨울 먹을 게 사철나무 잎 밖에 없었나
목이 꺾어져라 따먹었내 벼
사방이 소나문디 너무 높으니께 엄두도 못내구
제 키에 맞는 사철잎으로 겨울을 버틴 겨
사철나무 심기 잘했다 싶더라

산속에 살면 안 무섭냐?
고라니에 멧돼지두 있을 거 아녀
밤은 또 얼마나 깜깜혀
뒤에 무덤두 있다믄서

바람 소리에 오싹할 때두 있구
나무 그림자에 간 떨어질 때두 있기는 헌디
바람이구 나무구 그림자여
난 사람이 젤 무섭더라

하지에서 동지까지
- 목욕탕 판결 50

젊어선 낮이 얼마나 긴지
해두 해두 할 일이 줄질 않더니
이젠 밤이 징그러 죽것어
온몸이 쑤셔대서 날밤을 새운다니께
동지 밤, 아주 징글징글혀

하지에서 동지까지
동지에서 하지까지
해와 함께
어둠과 함께

야, 갑자기 슬퍼진다야
그래두 난 동지가 좋다
숨기 좋잖어 어두워서
울기도 좋구
목화 솜이불 덮은 것처럼
묵근허구 푸근한 어둠이 좋더라

봄볕
- 목욕당 판결 51

날이 많이 누그러졌더라

봄볕에 며느리 내놓구
가을볕에 딸 내놓는다더니
따끔따끔 맹랑하게 파고드네
침 맞는 것도 같구
찜질 허는 것도 같구

그래야 얼어붙은 것들이 녹지 않것냐
딱딱한 껍질도 벗겨지구
그러니 봄볕이 독할 수밖에
시꺼멓게 타면 좀 어떠냐

얼었던 가슴두 녹이내 벼
싱숭생숭 뭔가 자꾸 치밀어 오른다야
주책같이 또 꽃이 피려구 그러나

또 발목을 잡네
- 목욕당 판결 52

거기 1807호 있잖유
아저씨가 치매라매
젊어서 술을 그렇게 퍼마셨다더니

집은 살만했다매
중매루 천안서 시골루 시집왔는디
직장두 변변치 않구
속만 징글징글허게 썩였내 벼

8남매 막낸디
홀시어머니 모시구 살았댜
애들 다 키워놓구 이제 좀
발 뻗구 자나했는디
덜컥,

안됐어야
커피도 좋아허구
돈가스에 파스타두 좋아하는
패랭이꽃 같은 할머닌디
세상이 왜 자꾸 발목을 잡는 겨

월요일에 브런치
- 목욕당 판결 53

유명하다는 브런치 카페에 갔는디
왠 놈의 백수가 그렇게 많냐?
평일인디두 바글바글하더라
젊은 애들두 만턴디 뭐해먹구 사나
이렇게 사는 사람들두 있구나 싶더라

놀랍기도 허구 부럽기도 허구
내 팔자가 짠하기도 허구
어쨌든 좋더라, 백수 되니께
나두 우아허게 커피 한잔 했다

넘이야 오치기 살건 말건
육십 먹도록 치열하게 살았으니께
호사 한 번쯤 누려봐두 되는거 아녀
팔자 좋은 백수라구 손가락질 당해두
그러거나 말거나 콧방귀 끼구
월요일에 바닷가에서 브런치

야-, 폼나지 않냐? 늘그막에라두
단맛 좀 보려고 견디구 산 거니께

내 멋대로
- 목욕당 판결 54

정신이 하나두 읍다야
오토바이가 을매나 방방 대는지
검정 가죽 잠바 가죽 바지 가죽 장갑
음악은 또 을매나 크게 울려대는지
물소 떼들이 지나가는 것 같더라
넘들 쳐다보는디 그러구 싶나
넘들 쳐다보라구 일부러 그러나
나는 잘 가구 있는디
차를 막구 추월해 나가는 겨

꼭 저래야 허나 싶다가
난 왜 이래야 허나 싶다가
부러우면 지는 거다 싶다가

하마터면 쫓아갈 뻔했다야
내 속에두 야생이 숨어있내 벼

임종의 단계
- 목욕당 판결 55

요새 요양보호사 공부를 허는디
책장이 잘 안 넘어간다
한 줄 읽으면 그림이 그려져
다 부모님이 겪는 일이구
우리가 금방 당할 일이라
마음이 착잡하더라

임종을 맞이허는 다섯 단계가 있는디
첨엔 말도 안 된다구 부정한댜
내가 왜 죽어 아니야 아니야 아니야
그러다 왜 하필이면 나냐구 억울허다구 화를 내다가
자식 결혼할 때까지만 살게 해달라구 타협 한댜
혼자 허는 타협이 있냐, 신은 끄떡 안 허는디
해두 나아지지 않으니께 말도 않구 우울해지다가
마지막에 죽음을 수용허게 되는 거란다
수용, 말이 좋지 받아들인 거냐 지친 거지
지쳐서 포기헌 거지

\>
죽음이 그림으루 그려지지 않냐?
그 그림에 내 얼굴도 비치구
어떻게 해야 잘 죽는다냐

방생
- 목욕탕 판결 56

노루를 자연으로 돌려보내려구
철창문을 열어줬는디, 글쎄
주춤거리매 앞으로 못 나가는 겨
엉덩이를 쳐서 내보내니께
몇 걸음 걷다가 멈춰 돌아보는디
왜 내 맴이 짠허냐
눈동자에 두려움이 가득헌 게
걔가 뭘 알것어 자유가 뭔지
살아본 적두 누려본 적두 없는디
그렇게 생억지로 떠밀려가는
노루의 뒷모습을 보니께
내 그림자가 보이는 겨
나두 그럴깨비 겁나더라
낯선 자유가 두려워서
구속에 길들여지면 오치거냐

4부 / 배가 하나두 안 불러

꽃병
- 목욕당 판결 57

포도주병이 날씬허니 이뿌길래
물병으로 쓸라구 물을 담는디
아가리가 좁아 속이 터지는 겨
목이 가늘구 긴 건 물병으로 젠병이더라
채우기도 어렵구 딱기도 어렵구

내 목구멍이 다 쿨렁쿨렁
긴 목으로 뭐가 자꾸 올라오는 겨
여기서 물 먹구 저기서 물 먹구
몸이 꼭 갑갑한 물병 같더라

목이 가늘구 기니께
꽃 한 송이 꽂으면 이뿔 것 같더라
꽃을 꽂으면 꽃병 되는 거 아녀?
물을 반쯤 쏟아버리구
장미 한 송이 꽂아줬다

하얀 나비
- 목욕당 판결 58

늦둥이 아들 뒀다구
세상 좋아하던 주혁이 엄마 알지?
아들이 생목숨 끊었댜
서른 서넛 됐을 껄
미국서 일하다 왔는디
애인도 있구 서울에 있었댜
취업 할라구 준비허구 있었다는디
왜 갑자기 갔는지…
사연을 도통 모르것댜
고추밭에 앉아 울고 있더라구
하얀 나비가 날아와 자꾸 맴도는디
죽은 아들이 온 거 같다구
아예 넋이 빠졌더라

생각만 해두 저릿저릿허네
하늘이 무너지는 건 일두 아녀

퇴직
- 목욕당 판결 59

그만두면 뭐 할라구?

아무것두 안 할라구
일에 길든 몸인디
손발을 놓는 게 더 힘들지
아직은 모르것다, 놀아본 적 읍쓰니
난 힘들게 일 허는디
나보구 일 중독이랴
할 만큼 했으니
이젠 열심히 안 살 겨

니 성격에 노는 것두 열심히 할까 걱정이다

말의 힘
- 목욕당 판결 60

말만 하는 당신
입만 다물면 그런대로 괜찮습니다
약속을 흩뿌리지 마십시오
꽃씨라면 알아서 크겠지만
말이 씨가 되면 대책 없습니다

말뿐인 당신
속으로 호박씨를 까든
칼을 들든 누가 알겠습니까
사방으로 튀는 막말
여러 명 생죽음입니다
가까운 사람이면 더 치명적입니다

그러니 당신
입을 닫는 게 도와주는 겁니다

- 서슬이 퍼렇지 않냐?
  진짜루 승질나면 표준말이 나온다니께
  그것두 존댓말루다가
  정확하구 조리있어 보이지 않냐?

아다르구 어다른겨
이래저래 말이란게 증말 무서워

진화 중
- 목욕당 판결 61

마당 연못에다가
오리를 암놈 수놈 세 마리씩
짝 맞춰 넣어놨거든
봄에 짝짓기를 허는디
말두 말어
짝이 맞으니께
사이가 좋을 줄 알았는디
그게 아녀
수놈이 한눈 팔면
그놈 암컷 위에 올라타는 겨
그럼 쫓아가서 꽥꽥거리다가
그놈이 한눈 팔면
그놈 암컷에 지두 올라타는 겨
내짝 니짝이 없더라니께
숭악허더라
그래서 짐승이라구 허내며

따지구 보면
사람두 짐승이여
사람 많이 됐지

배가 하나두 안 불러
- 목욕탕 판결 62

- 안 보여? 확대해 봐
  문자로도 보내구 톡으로두 보냈어
  안 들려? 엄마

기차 시간은 다 되어가고
딸이 끊어서 보낸 표는 안보이고
허둥지둥하는 할머니 옆에 가서
표를 찾아주니 고맙다고 고개를 숙인다

- 그렇지 않아두 허리가 저절루 굽는디
  고개 숙일 일만 생기네유
  아무짝에두 쓸모 없슈
  하두 배가 고파서 귀까지 먹었는디
  배가 하나두 안 불러유

나이 들어 내공이 생기면
아픔도 유머로 녹여지나
뒤늦게 알아먹고 웃는데
뱃속이 꼬르륵거린다

어버이날인데
- 목욕당 판결 63

육십 줄루 들어서는데
아직두 외줄을 타는 것 같어
저쪽 끝에는 부모
이쪽 끝에는 자식
중간에서 중심을 잡느라
휘청거리는 광대 같다

외줄 끝에서 두려움 가득
나를 따르는 자식들을 보면
점점 버거워지는 내 무게로
휘청거릴 걸 생각하면
차라리 뛰어내리구 싶다니께

아버지는 이 줄을 오치기 걸었나
자식 위해 가던 길 멈춘 건가

약을 많이 먹어
- 목욕당 판결 64

물 마시는 게 왜 그렇게 힘드냐
목구멍에 걸려 넘어가질 않어
많이 마셔야 몸에두 좋다는디
약 먹을 때만 물을 먹는다야

야, 그럼 약을 많이 먹으면 되것네

그것두 그러네
그렇지 않아두 시간 시간 약이여

물 먹기 위해 약 먹구
물 먹기 위해 약 먹구

바뀌긴 했어두
그것두 사는 방법이긴 허다

빈둥지 증후군
- 목욕탕 판결 65

둥지의 주인은 애들인개 벼
애들 다 나가니께 휑한 게
내가 있어두 빈집 같어

왜 안 그렇것냐
시간이 약이여
혼자가 익숙해지면
자식두 손님이 되더라

돌아가는 게 맞나 벼
애들 생기기 전으루
점점 애가 되었다가
태어나기 전으루

꼬투리
- 목욕당 판결 66

누가 그러대?
김밥은 꼬투리가 맛있다구
너나 실컷 먹어라
난 이뿐 거 먹을 테니께

꼬투리 먹어야 아들 낳는다구
시어머니가 꼬투리 먹으라더라
사실, 맛있는 건 아는디
그렇게 말허니께 먹기 싫더라구
어쩌것냐 꾸역꾸역 먹었는디
딸 낳았다야

애들 키울 땐 어떻구
이뿐 거 애들 먹이구
맨날 꼬투리 차지였자녀
김밥 꼬투리에 인생을 걸 건 아니지만
그래두 기분 문제다
이젠 이뿐 것두 먹어볼란다

환장혀
- 목욕당 판결 67

잘되는 집은 뭘 주서다 놔두 아귀가 딱딱 들어맞구
안되는 집구석은 장독에 된장두 뒤집힌다더니

왠 쉰 소리냐 원래 그런 건 웁다야
맞을 것 같으니께 주서간 거구 그러니께 맞는 거지
그리구 니네 집 된장 기맥히게 맛있잖냐
잔뜩 싸 놓구 살면 뭐 허냐
우리 엄마 말마따나 다 쓰두 못허구 죽을텐디

그건 있는 사람들 얘기여 씨부럴,
쌓아놓구 살다가 깔려 죽으면 여한이 웁것다

공주와 무수리
- 목욕당 판결 68

속도 모르구 글쎄,
나보구 김치 담글 줄은 아느냐
공주가 무슨 김치를 담겠냐구
지난 세월 생각만 해도 멀미 난다야
완전 무수린디 공주랴

이뿌장하게 생겨서 그랴
그 손으로 뭐 허게 생겼나 봐라
공주루 봐주니께 좋지 않냐
겉은 공주 속은 무수리
겉은 무수리 속은 공주, 뭐가 낫냐
안팎으루 공주가 몇이나 되것냐

보이는 대루 생각허는 게 사람이여
알아주면 또 뭣허냐
내 설움은 내 설움일 뿐이여

구두 굽이 낮아지면
- 목욕당 판결 69

신을 께 마땅치 않아 신발장을 열었는디
뒤쪽 구석에 새 구두가 있는 겨
7센찌는 될껄?
혹시나 허구 사서 버리지두 못했내 벼
또각또각 폼 잡구 걷던 때두 있었는디
요샌 맨날 운동화에만 손이 간다

생각해 보니께
7센찌에서 5센찌로 3센찌로
조금씩 굽이 낮아졌더라
까치발루 세상 사는 게 쉽냐
맴은 미련이 남아 붙잡구 있는디
몸이 먼저 조금씩 내려놓구 있었던 겨

맴보다 몸이 한 수 위더라

코로나19
- 목욕당 판결 70

목욕당 여러분!
이런 일이 있으리라고
상상이라도 했겠습니까
뜨끈뜨끈한 맛, 못 보고 산지
벌써 2년이 되어갑니다
온몸에 맺힌 응어리가 굳어
돌덩어리를 얹은 것 같습니다

모두 안녕하신지

코로나에 걸려 죽고
소문에 걸려 죽고
탈탈 털려 죽어갑니다
목욕탕도 문을 닫고
입도 꽉 다물겠습니다
때가 올 때까지
부디 마음은 열어두시고

살아서 봅시다

다음은 내 차례
- 목욕탕 판결 71

뉴스보니께 다섯 중에 하나가 걸렸댜
한 집이 하나 꼴인 겨

그건 전국이구 여기는
셋에 하나 꼴루 걸렸다자녀

우리 아들두 걸려 고생했는디
옆집은 서울서 아들이 댕겨가서
네 식구가 싹 다 걸렸댜

말두 마라
밤새 안녕이라구 나연이 엄마는
결과두 안 나왔는디 밤에 죽었댜

누가 갈지 물러
먼저 걸린 사람은 차라리 속편하다니께
안 걸린 사람이 더 불안혀

조심은 헌다만
조심헌다구 피할 수 있는 세상이냐

먹구름이 떼루 몰려오는디
비를 피할 수 있것냐

내 사람이 누군지
- 목욕탕 판결 72

코로나 걸려보니께 사람이 보이더라
소식 듣고 전화해서는 한다는 소리가

왜? 어쩌다가 그랬냐
오디 갔었는디? 누구랑?
식당에 밥 먹으러 댕기지 말라니께
다른 사람은 괜찮냐?

보건소 직원인 줄 알았다야
예방주사도 다 맞구 마스크도 꼭 챙기구
잘 지나가나 싶었는디 잠잠해져서
마스크 벗어도 된다고 해두 꼭 쓰고 다니구
아픈 것보다 속상해 죽것는디

막바지에 왠 일이냐?
몸은 괜찮냐? 엄청 힘들다던디
지금 오딘디 먹을 거는 있냐?
이따가 먹을 것 좀 챙겨 주께
잘 먹어야 한다 필요한 거 있으믄 연락혀

\>
온도가 달라 온도가
내 사람이 누군지 알것더라

코로나의 꼬리
- 목욕당 판결 73

글쎄 덕산에 난리났어
다방에서 번졌댜
다방이 새로 생겼는디
마담이 그렇게 이뿌장허다나
노인네들이 마담 볼라구 바글거리다가
이번에 싹 다 걸린 거 아녀

걸리니께 소문이 부풀려져서
마담하구 눈이 맞았다는 둥
소문이 더 무서워야
코로나 확산 속도보다 더 빨러
귀 막구, 입 막구, 눈두 감는 게 최고여
손가락질이 나헌티 올지 오치기 알것냐
걸리면 끝장이여

같이 가유
- 목욕당 판결 74

저 아짐니 구십 넘었지?
싯인가 닛인가

구십하나
그래도 볼일 보러 다니구 다 허잖어
자식들 고생 안 시키구

아저씨는 읍남?

읍내 벼
교회 밑이 그니는
고치다 고치다 요양 병원으루 갔댜

참 사철한 양반이었는디
그 꼴 되기 전에…

엉아,
노인정이나 같이 가유
오늘은 문 열었댜

〈시집 해설〉

방언과 풍자의 시학

공광규(시인)

<시집 해설>

방언과 풍자의 시학

공광규(시인)

1.

정명순은 이번 시집에서 자신의 고향인 충청도 방언을 시에 활용해 말의 재미로 독자를 흡입하는 마술을 보여준다. 시인은 '시인의 말'에서 "이번 시집은 쉽게/ 고향 사투리를 조금 섞어/ 시답지 않은 이야기를/ 시답지 않게 썼"다고 고백하고 있다. "다 벗고 던지고 사는 이야기들/ 파닥거리는 날것"을 썼다고 한다. 일상의 중요할 것 같지 않은 사건을 자연스러운 태도로 썼다는 것이다.

사실 보통사람의 삶을 들여다보면, 일상의 중요할 것 같지 않은 말과 사건들, 그리고 소문에 대한 관심과 호기심으로 이루어진다. 시인은 이런 일상을 방언과 구어로 진술하고 시성을 부여하여 재미와 의미를 주는 시편들은 모아놓고 있다. 시인이 '시인의 말'에서 "가끔은 오타가 더 매력적"이고, "가끔은 잘못 들어선 길이 더 아름답"다고 언급하나, 시집의 제목을 일부러 '목욕당'으로 조어한 것 말고는 오문이나 비문, 또는 탈자의 언술을 보여주지는 않는다. 오직 방언과 대화와 이야기의 비약과 풍자가 시를 되게 할

뿐이다.

  이 시집의 중요한 특징 하나는, 모든 시의 발화 공간이 목욕탕이라는 것이다. 그러니 목욕탕 잡담이며 방담이며 좌담이다. 이런 발화의 장소가 목욕탕인 시집 또한 필자가 아는 한 거의 유일하다. 또 한정된 공간에서 인물들이 나누는 대화가 일상의 경계를 넘나들기도 한다. 아무튼 정명순은 시골 소도시에 사는 보통사람들의 방언을 통해 경험과 지혜, 음담, 세태와 정치풍자 등 다양한 주제를 재미있게 구현하고 있다.

2.

  정명순 시가 뿜어내는 방언의 말재미가 여간 아니다. 방언은 독자에게 인물들의 성격을 파악하게 하는 시인의 지적 전술 가운데 하나다. 방언은 표준어 문장에 익숙한 독자의 지루함을 없애는 독특한 효과를 준다. 문인들이 시 뿐만 아니라 산문에서 방언을 사용하는 사례는 적지 않다. 그러나 정명순은 한 권의 시집에 나오는 거의 전체 시편에 방언을 활용하고 있다. 그의 시에서 대화형식의 방언은 독자에게 친근감과 재미를 주는 독특한 효과를 노린다.

    알어? 경숙이 할머니 됐댜

    사고 쳤댜?

    내년이 결혼식 올려준댜

몇인디

다섯

애가 애를 키우 것네
환장허네 오치겨

경숙이가 둘 다 키우야지 뭐
오랜만에 간난쟁이 안아보니께 신기허댜
마흔 다섯인디 벌써 할머니여
우리도 다 할머니 된 겨

야, 그럼 경숙이는 스물에 애를 낳구먼
넘 말할 것두 읍네

우리 땐 스물두 어른이었어
                    - 「우리 땐 - 목욕당 판결 7」 전문

집 앞에 작은 텃밭을 둔 아줌마가
자잘한 감자를 쪄왔다 아직은 때가 아닌데

-감자 불알 땄슈. 금방 쪄서 맛있을 겨

반을 알아먹고 깔깔거리고
반은 못 알아먹고 깔깔거린다

- 뿌리 상하지 않게 가생이를 뒤적거리면 잡히는 게 있슈.
  쩨끄만 건 놔두고 살이 오른 걸루 슬쩍 따구 다시 흙

으루 꾹꾹 눌러야뎌. 감쪽같이,

　　- 풋고추만 따 먹는 게 아니라
　　　감자 불알두 따먹는구먼

　　배꼽이 빠져 뒹굴고 눈물이 쏙쏙 빠진다
　　　　　　　　　　- 「음담패설 - 목욕당 판결 13」 전문

　　음담패설은 독자의 관심과 흥미를 일으킨다. 사람들은 음담으로 표현되는 성적 담화에 주목한다. 주목하는 것이 아니라 성적 담화가 사람들을 끊임없이 물고 늘어진다. 성은 우리 삶의 아름다운 한 부분이기도하지만 추악한 악의 근원이 되기도 한다. 또 서로의 관계를 최종적으로 맺어주기도 하지만 파멸로 이끄는 위험한 무엇이기도 한다. 한편 성은 개인의 가장 내밀한 심리적 육체적 영역이어서 폭로되기를 바라지 않는다. 그러기에 이 비밀의 영역에 사람들은 더 호기심을 갖는다.
　　인용한 시 「우리 땐 - 목욕당 판결 7」은 등장인물의 대화로 구성한 시다. 이 시는 "알어?"라는 뜬금없는 물음과 "사고 쳤댜?"라는 생략된 성적 담화가 독자의 관심을 끈다. 추정이 가능한 대화를 생략하면서 이어지는 인물들의 방언이 독자의 상상을 자극하면서 재미를 준다. 시 「음담패설 - 목욕당 판결 13」은 직접 남성 성기 "고추"와 "불알"를 발언한다. 불알을 따고 맛있을 거라는 은유적 음담, 풋고추만 따먹는 게 아니라 감자 불알도 따먹는다는 중의적 발화가 독자의 성적 상상을 자극해 재미를 준다.

글쎄 덕산에 난리났어
다방에서 번졌댜
다방이 새로 생겼는디
마담이 그렇게 이뿌장허다나
노인네들이 마담 볼라구 바글거리다가
이번에 싹 다 걸린 거 아녀

- 「코로나의 꼬리 - 목욕당 판결 73」 부분

시 「코로나의 꼬리 - 목욕당 판결 73」 역시 호기심과 웃음을 준다. 사전 정보 없이 "덕산에서 난리났어"라는 호들갑으로 시작하는 첫째 행, 그리고 '무엇'을 생략한 채 "다방에서 번졌댜"는 답을 제시해주지 않아 궁금한 둘째 행, '이뿌장한 마담'에 대한 정보, "이번에 싹 다 걸린 거 아녀"라는 주제가 은폐된 물음이 흥미를 준다. 두 인물의 대화는 점점 진전되어 마담하고 눈이 맞았다는 소문에서부터, 소문이 무섭고 빠르다는 것에 다다른다.

시 「지문이 없다 - 목욕당 판결 40」에서는 초과근무를 많이 해 지문이 없어졌다는 것, 지문이 없으니 도둑질이나 하자는 것, 아예 다녀간 흔적이 없으니 세월이라는 것으로 한탕 해보자는 내용으로 이야기 범위가 확장된다. 시인의 지적 전략은 인물들의 대화가 초과근무라는 현실, 도둑질이라는 비일상의 경계, 세월이라는 형이상 개념까지 넘나든다. 상당한 교양과 식견을 갖춘 시인만이 진술 가능한 상당한 지적 대화다.

충청도 방언의 특징은 능청어법일 것이다. 화가 나는 일을 가라앉히려고 가사 일을 하다 손목에 파스를 붙이고 목욕탕에 입탕한 인물에게 화자가 뜬금없이 "팔목이 왜그려/ 십팔 대 일루 싸웠남?"하는 말 펀치와 "내 인생에는 내가 읍써/ 그 인간 인생엔 그 인간만 있는디(「빨래하는 날 - 목욕당 판결 36」)"하는 적개심이 없는 대응화법, "나는 사구 싶은 거 읍냐?/ 죽어라 저금한 돈 꿔줬는디/ 병신 같이 달라고 말두 못혀/ 넘이 돈은 맨 나중인개벼// 넘이 돈이자녀"(「넘이 돈 - 목욕당 판결 47」)하는 악의 없는 대화 등 많은 시편들이 일상에서 일어나는 소재를 능청스런 대화로 처리한다. 시를 읽으면서, 또는 읽고 나서 웃음을 발하게 한다.

3.

정명순은 방언을 통해 독자에게 재미만 선물하지 않는다. 인물들이 일상에서 겪은 경험과 삶의 지혜를 자연스럽고 재미있는 대화를 통해 독자에게 들려준다. 어느 것은 경험에서 체득한 삶의 진리에 가깝다. 인생을 너그럽게 관조하는 시인의 연륜이 재미있는 문장의 행간 곳곳에 묻어난다.

> 안 되는 거 끼구
> 왜 그냥 힘을 들이냐
> 안 되는 건 안 되는 거여
> 살아보니께 알 것드라
> 한방은 개뿔
>
> 열심히 한다구 잘되는 것도 아니구
> 착하게 산다구 복 받는 것도 아니드라구
> 탱자탱자 하던 놈이 복권 당첨도 되구
> 나쁜 놈이 잘 살기도 허구

깜냥껏 살다 가는 거지
어쩔 수 없는 거면 몰라두
이젠 싫으면 안 하고 살라구
누가 그러더라
손을 놓는 것두 용기랴

- 「한방은 개뿔 - 목욕당 판결 10」 전문

 위 시는 불가능하지만 거의 모든 사람들이 생각하는 '인생은 한 방'이라는 세간의 관념을 시를 통해 포기하라고 은유적으로 주문한다. 화자를 통해 인생을 살아보니 안 되는 건 안 되는 것이라는, 인생에서 한 방은 없다는, 그래서 개에게는 뿔이 없듯 무용한 짓을 그만두라는 메시지를 화자를 통해 진술한다. 살아보면 알겠지만, 시의 내용처럼 열심히 한다고 잘 되는 것도 아닌 게 사실이다.
 시의 문장처럼 "탱자탱자 하던 놈이 복권 당첨도 되구/ 나쁜 놈이 잘 되기도 허구"하는 게 인생이다. 사람들은 이 알 수 없는 삶의 내용을 운명으로도 해석하거나 전생의 업으로도 해석한다. 결국은 자신의 "깜냥껏 살다 가는" 것이 인생이라는 메시지다. 어쩔 수 없는 일이면 몰라도, 이젠 싫으면 안하고 살고, 일에 손을 놓고 사는 것도 용기라는 결론이다.
 시 「B급 인생 - 목욕당 판결 25」은 도자기장인이 도자기를 너무 잘 만들면 계속 잘 만든 도자기를 만들어야 하는 부담이 있어서, 잘 나온 작품은 오히려 깨버린다는 일화를 제시하며, A급 인생을 지향하면 자신 스스로나 주변에서 괴롭혀 피곤하니까 넘 완벽하게 자신의 삶을 만들려고 하지 말자는 메시지다. 그러면서 "사람이나 물건이나/ 평범한 게 좋은 겨"라고 한다.

어둡게 해줘야
이제 죽는구나 허구
뿌리를 내린댜
살려구 죽기 살기루
뿌리를 뻗는다는 겨

난 키워봤냐?
걔두 환경이 안 좋아야 꽃이 핀댜
빨리 꽃을 피워서 대를 잇는다나

가난이 억척을 맹글자너
첨부터 억척스런 사람이 있것냐
살다 보니께 살아야 하니께
말두 행동두 굳은살이 박히매
강해지는 겨, 사실
강한 것처럼 보이는 거지만

가난한 집에 시집와서
뿌리 내리구 꽃도 피우구
아마 난 인생 9단은 될 겨

- 「삽목 - 목욕당 판결 11」 전문

    시 「삽목 - 목욕당 판결 11」 역시 난의 생태와 사람의 생태를 동시에 말하면서 열악한 환경을 통해 난이 꽃을 피우듯 사람도 가난이 억척을 만들어 강해진다는 메시지다. 화자는 처음부터 강한 사람은 없다고 한다. 결국 "가난한 집에 시집와서/ 뿌리 내리고 꽃도 피"운 화자는 '인생 9단'이다. 다름 아닌 시인의 의도와 인생

관을 독백형식의 방언을 활용해 화자의 입으로 적실하게 드러내고 있다.

시「물로 보지 마 - 목욕탕 판결 28」은 이십년 지기와의 관계를 통해, 사람의 인간관계를 은유한다. 오래된 지기의 말로 항상 상처를 받으며 사는 화자는 아픈 말을 듣고도 관계를 정리하지 못한다. 결국 관계가 편해지는 방식을 택한다. 자신이 지기가 내미는 '말의 칼'을 받아들이는 것이다. 화자는 "그래서 그냥 찔리며 살려구/ 대신 내가 물이 되려구/ 나를 물로 보구 찔러대는 것들/ 찔러봤자여"하고 자기합리화를 한다. 고도의 지적 장치를 한 경전의 문장에서 보는 듯한 인간관계에 대한 사유다.

이처럼 정명순의 시집에는 경지에 이른 수행자가 주는 인생에 대한 격언이나 금언에 버금가는 명문들이 많이 숨어있다. 이를 테면 "집이 젤 편하구 숨기두 좋지만/ 갇히기두 좋은 것이여/ 니 몸이 병나지 않게 쥐구멍 하나 만들어야"(「쥐구멍 - 목욕탕 판결 27」) 라든가, "얼마나 더 잘 사냐?/ 오치기 다 잘 허구 사냐?/ 헐만큼 허면 되는 겨/ 사우나나 들어가 뜨뜻하게 지지자"(「맴이나 지지자 - 목욕탕 판결 26」) 등 우리가 인생에서 경청할만한 문장들이다.

4.

방언은 세태와 정치를 풍자하는데 좋은 언어도구다. 풍자는 현실을 비트는 지적인 언술방법이고 독자와 벌이는 지적 게임이다. 예부터 이미 많은 선배들이 창작기법으로 사용한 방법이다. 이런 기법은 정명순의 시에서도 여지없이 실천된다. 「죽어도 살자 - 목욕당 판결 23」「훔친 수건 - 목욕당 판결 3」「사람이 제일 무서워 - 목욕당 판결 49」은 세태 풍자,「선거바람 - 목욕당 판결 48」「번호계 - 목욕당 판결 2」「끼리끼리 - 목욕당 판결 1」「물갈이 - 목욕당 판결 31」은 정치풍자에 해당한다.

> 어떤 노인이 고독사를 했는디
> 집주인이 발견했댜
> 며칠 안 보이니께 궁금해서 열어봤는디
> 혼자 힘들었는지
> 소주병이 여기저기 굴러다니더랴
> 근디 기맥힌 건
> 생전 오지두 않던 것들이 와서
> 여기저기 뒤적거리는디
> 돈 될 만한 것만 챙기구
> 사진두 버리고 가더랴
> 사진이라두 빼가라고 하니께
> 마지못해 받아 빼는디
> 글쎄,
> 액자 속에서 통장이…
> 　　　　　　　　　-「죽어도 살자 - 목욕당 판결 23」전문

구성에서 극적 반전을 보여주는 시「죽어도 살자 - 목욕당 판결 23」은 고독사에 대한 이야기다. 자식이 버젓이 있으면서 혼자 살다가 죽는 노인의 고독사를 극적으로 풍자하고 있다. 전체 일인가구가 급증하고 있는 것은 물론 사회가 고령화되면서 노인 일인가구가 급증하고 있다. 인권적 측면에서 우리 사회가 풀어야 할 숙제 가운데 하나다. 시의 내용에서 노인이 자식들과 떨어져 혼자

살며 외로움을 이기려고 애쓴 흔적을 뒹구는 소주병으로 암시한다. 노인이 죽자 자식들이 와서 돈 될 만한 것을 챙겨 가면서 사진은 버려두고 간다. 그러자 보다 못한 동네 노인이 사진이라도 빼가라고 한다. 자식들은 마지못해 사진을 빼가는 데, 거기서 예금통장이 나온 것이다.

시 「사람이 젤 무서워 - 목욕당 판결 49」는 "바람이구 나무구 그림자여/ 난 사람이 젤 무서워" 하며 인간을 풍자한다. 소나무 숲이 많은 산밑에 집을 짓고 살지만 무서운 건 고라니나 멧돼지가 아니고. 깜깜한 밤이 아니고, 죽은 사람의 무덤이 아니다. 바람소리도 아니고 나무 그림자도 아니다. 사람이 무섭다는 것을 풍자한다.

시 「훔친 수건 - 목욕당 판결 3」은 목욕탕 수건에 '훔친 수건'이라는 글씨를 인쇄해 훔쳐가지 못하게 한 것에서 발상한 것이다. 목욕탕 치약은 뚜껑이 없이 줄에 매달아 놓았고, 드라이기는 벽에 고정시켜 놓았다. 출입구에 금속탐지 장치를 내놓아 열쇠를 가지고 나갈 수도 없다. 화자는 이런 상황을 보고 "훔친 돈 훔친 오토바이/ 훔친 사람이라 새겨야 하나/ 그럼 도둑 없는 세상이 되려나/ 온통 도둑뿐인 세상이 되려나"하고 탄식한다.

  이 짝을 찍으야나
  저 짝을 찍으야나
  봄바람마냥 왔다 갔다혀

  재혼한 친구가 그러는디
  그놈의 단점이 이놈의 장점이구
  이놈의 단점이 그놈의 장점이더랴

이놈 저놈 살아봐서 좋것구먼
그래도 더 살구 싶은 놈은 있것지

서울 사는 아들은 집값이 어쩌구
이 짝을 찍으라고 허구
나라 물 말아 먹는다구 남편은
저 짝을 찍으라고 허구
집이 선거판이여
밥 먹다 싸울 일 있냐
알았다구 허구 내 맘대루 찍을 겨

내 뜻대루 세상이 굴러가지 않아두
내일은 살만한 세상이믄 좋것다
봄바람이 오락가락 사나운 게
다 꽃을 피우려구 그러는 거잖어

- 「선거 바람 - 목욕당 판결 48」 전문

  동서를 막론하고 문학에서 정치에 대한 풍자 역사는 오래된 방법 가운데 하나다. 정명순은 여러 편의 시에서 정치를 풍자한다. 풍자를 통해 정치를 간접적으로 비판한다. 풍자는 권력자의 폭력을 피하고 피권력자들의 공감과 지지를 얻는 방법 가운데 하나다. 화자는 1연에서 자신의 입장을 어딘가 정하지 못하고 "봄바람마냥 왔다갔다" 한다고 능청떤다. 아직 어느 쪽도 지지하지 않는다는 뜻이다. 이쪽이나 저쪽 그 나물에 그 밥이라는 정치인들의 속성을 풍자한다.

  일상 언어에서 금기의 일종인 성적 담화는 독자의 호기심을 불러일으킨다. 성적 농담은 독자를 유혹하는 매혹적인 수단이다. 시인은 2연에 성적 담화를 삽입해 독자를 관심을 불러일으킨다. 화자는 재혼한 친구의 말을 통해 "그놈의 단점이 이놈의 장점이구/ 이놈의 단점이 그놈의 장점이더랴"하며 너스레를 떤다. 유권자의 기대를 배반하는 정치인의 속성을 에둘러 비판한다. 그러나 상대 화자는 "그래도 더 살구 싶은 놈은 있것지"하고 능친다.

4연에서는 "집안이 선거판이여""밥 먹다 싸울 일 있냐/ 알았다구 허구 내 맘대루 찍을 겨"하는 화자들의 대화를 통해 현재 선거문화, 선거세태를 풍자한다. 이런 등장인물들의 발화는 세상이 자기 마음대로 굴러가지 않아도 내일은 살만한 세상이면 좋겠다는 서민들의 기원과, 봄바람이 오락가락 사나운 것이 꽃을 피우려고 하는 것이라는 희망을 언급한다.

시 「변호계 – 목욕당 판결 2」에서는 이백만 원짜리 번호계 원칙과 선거를 나란히 비교하며 "헌법 위에 떼법이 있어서야"되겠느냐고 꼬집는다. 시중 목욕탕에서 만나 잡담을 하다 만든 번호계에서도 원칙이 있는데, 나랏일을 하는 사람들은 원칙 없이 떼법을 쓴다는 비판이다. 시집의 첫 시 「끼리끼리 – 목욕당 판결 1」 역시 "정치인도/ 종교인도/ 검사도/ 시인도// 지들끼리/ 끼리끼리"임을 비판적 풍자를 한다. 시 「물갈이 – 목욕당 판결 31」에서는 목욕탕이 물갈이를 통해 때를 통 밖으로 쓸어내듯 "물이구 세상이구/ 한 번씩 뒤집어줘야혀"하며 화자의 소망을 비유적으로 풍자한다. 모두 시인의 지적인 풍자적 비판이다.

5.

　시집 『목욕당 판결』의 표현방식과 제재는 시인의 고향사투리인 충청도 방언과 일상 소재, 대화와 희언, 세태 비평과 정치 풍자로 구성하고 있다. 정명순이 시를 구성하는 주요 방식은 대화형식, 독백형식, 설명은 표준어로 하고 대화는 방언을 사용하는 삽화형식이다. 서로 다른 두 개의 사물이나 사건을 이야기하면서 하나의 주제를 암시하거나 제시하기도 한다.
　특히 정명순은 시집의 거의 전편에 충청도 방언을 활용한다. 방언을 통해 읽는 사람들에게 말재미를 줄 뿐만 아니라, 인물들이 방언을 교환하는 대화를 통해 일상의 지혜와 진리를 표출시키고, 세태와 정치를 풍자한다. 시인은 방언의 사용과 재미를 기획하고 생활의 지혜와 진리를 전수하거나 잘못된 세태와 정치를 비판적으로 풍자한다. 시인의 상당한 지적 저력이 없이는 구현하기 힘든 표현과 주제들이다.
　다시 정리하면 이 시집은 한마디로 충청도 방언시집이며 목욕탕이라는 특정 공간에서만 발화하는 목욕탕 시집이다. 충청도 소도시의 보통사람들의 대화를 엮어낸 대화어법의 시집이고 세태와 정치를 비판적으로 풍자한 풍자 시집이다. 이것만으로도 이 시집은 충분한 개성과 문학성의 성취, 그리고 현대시사적 의미를 갖는다. 전국의 많은 독자들이 이 시집을 만나 잠시나마 시 읽은 호사를 누려보시길 기원한다.